« L'homme est intérieur. Ses pensées ne peuvent s'exprimer que par l'écrit ».

Pour Nadine

Avant Propos

Après avoir écrit « l'homme qui croyait être changé en serpent », j'ai voulu explorer à travers cet autre récit fictionnel, la pensée de ceux qui subissent des combats intérieurs, les menant, à ce que l'on nomme un peu trop facilement La folie.

J'avoue que la tâche n'est pas aisée. Trouver le mot pour exprimer une souffrance, requiert une recherche dans la connaissance de l'être.
Cette connaissance ne sera jamais absolue.

J'ai volontairement inscrit le récit dans un contexte religieux pour mieux servir, le texte qui se devait être l'aboutissement d'une haine développée par le personnage.

D. M

Au début, il y a eu Dieu,
Ensuite, il y a eu moi.
J'ai tué Dieu,
Il ne reste plus que moi.

Première partie

Un pays quelque part. Un pays qui n'existe peut-être pas, mais un pays comme tous les pays, avec des villes et des villages.

Des villages, comme tous les villages, avec des fermes dont certaines sont dispersées dans de vastes plaines où paissent des vaches, des moutons et des chèvres.

Certaines, solitaires et éloignées du village, sont à l'orée de bois et de forêts où vivent des daims et des biches, des renards qui se font chasser par les chasseurs en automne, des oiseaux dans les arbres comme les rossignols, des pics-verts que l'on entend au loin.

Les plaines, les bois et les forêts sont traversés par des rivières où les truites et saumonettes se font pêcher les jours d'été. Comme le sol est très riche en eau et que coulent des montagnes d'infimes ruisselets, des étangs et des petits lacs se sont formés. Ces endroits se partagent les rires des enfants qui viennent se baigner en périodes estivales, et les silences des pêcheurs qui mettent en ligne leurs cannes à pêche pour espérer ramener au repas du soir, ou du Dimanche midi, du brochet et autres poissons chats.

Le cadre est idyllique, telle une carte postale où les couleurs pastelles rendent aux mieux la tromperie de l'image d'Epinal.

Il y a dans ces villages, des hommes et des femmes, qui sont, soit des artisans, soit des commerçants, mais pas des ouvriers d'usines. À cette époque les usines sont encore en ville, là bas très loin. Les usines sont venues plus tard, rejetées par les villes qui crachotent des suies épaisses par leurs poumons noircis.

Pour aller à la ville, il faut prendre des trains ou des autocars. Le voyage est fatiguant, usant, aussi très peu partent, sauf en cas de nécessité absolue comme le voyage que doivent accomplir les hommes dans leur jeunesse et pour un an dans un régiment de l'armée.

Souvent, ils rencontrent la ville pour la première fois, et ils la racontent quand ils en reviennent avec tout plein de souvenirs qu'ils gardent très longtemps pour dire, de temps en temps, le regard perdu dans leur mémoire, que c'était le bon temps et comme c'était le bon temps, pour mieux s'en souvenir ensemble, tous les ans, vers le début janvier, ils fêtent les conscrits.

Les paysans aiment la fête, ils fêtent les guerres quelque peu oubliées, celles que l'on a perdues, celles que l'on a gagnées.

Ils fêtent aussi le printemps, ils fêtent surtout l'été, gardant l'automne pour se reposer, un peu. Ils n'ont pas le temps de se reposer vraiment.

Les champs suent du travail des hommes et des femmes, et comme ils n'ont que très peu le loisir de se retrouver, à part le Dimanche matin jour de messe, c'est le Samedi soir en été qu'il y a bal. Les filles et garçons y viennent pour danser et se cacher dans des recoins pour s'aimer.

Les vieux sont assis sur des bancs, avec, à la main, le verre de vin blanc. Rigolards dans leurs yeux mouillés. Avec dans la voix des souvenirs qu'ils mâchouillent comme des bonheurs ressassés, la pensée trébuchante dans la bouche. Cette voix que l'on dit de rocaille, tellement elle est abîmée d'avoir si peu parlé.

Dans un coin de la plaine, non loin d'un petit bois de sapins et de hêtres,une ferme en toit de chaume, construite en murs de pierre et de torchis, avec sur le toit une cheminée qui fume. Dans l'étable : deux vaches, trois chèvres et un cheval.

L'étable jouxte la ferme, une petite porte permettant d'accéder entre les deux, souvent laissée entrouverte pour communiquer la chaleur des animaux.

Les effluves s'entremêlent : Odeurs de l'étable, odeurs de la cuisine, odeurs des bêtes, odeurs des hommes.

Et puis quelques volailles dans la cour souvent boueuse, et des lapins dans leurs clapiers.

À l'intérieur de la maison d'habitation, dans une grande salle à manger - cuisine - chambre des parents, est réunis pour le repas du soir l'ensemble de la famille. Le père placé en bout de table, avec, sur sa gauche, sa femme, et, sur sa droite, ses enfants au nombre de cinq : Deux filles et trois garçons.

Devant chacun, une assiette avec une soupe dedans.

Seul le père a son propre couteau, un opinel qu'il tient bien aiguisé. Les enfants et la mère ont le couvert commun, celui qui a été offert pour le mariage et qui sert depuis à tout les repas, même celui du dimanche. Les assiettes et les couverts des jours exceptionnels sont rangés dans le vaisselier. Ces jours se comptent sur le calendrier du facteur cloué sur le mur : Noël et les invitations familiales que l'on dirait presque obligatoires, comme la communion de la dernière, ou plus probant, l'enterrement du grand père.

Dehors il fait froid, mais ici, il fait bon, il fait chaud. C'est l'hiver, presque Décembre, et si la cheminée fume sur le toit, c'est parce que l'âtre consume des bûches que le père a coupées dans la forêt.

En ce lieu, juste une radio pour connaître le monde extérieur, et puis le journal qui se lit le soir en rentrant du travail si les yeux ne sont pas trop fatigués. Il arrive qu'ils s'endorment tout seuls, juste après la soupe.

C'est le soir d'un hiver qui s'annonce rigoureux.

Dehors enveloppe de sa couleur de nuit, la terre qui s'ensommeille doucement.

Seuls les animaux nocturnes s'enhardissent dans la pénombre pour s'en aller tuer leurs proies. Si on écoute bien le silence, on entend les petits bruits de la nature. Harmonie de la terre qui respire et des hommes qui la hument.

Deuxième Partie

L'enfant est né le 6 Juin 1959.
Le neuf et le six.
Un à l'endroit,
L'autre à l'envers.
Cinq et un six de mille neuf cent cinquante neuf et zéro de juin plus le six égal six, avec le six du début de mois, et pour finir le tout additionné nous donne trente six soit égal à neuf. Le signe de l'enfer pourrait-on affirmer ! Mais est-ce un signe ou est-ce une destinée ! Il ne croit ni à la destinée, ni aux signes, encore moins aux croix.

Le signe de la croix qu'il a du faire maintes et maintes fois, pour la foi, mais foi en quoi et en qui ?

L'enfant mange.
Je suis l'enfant et je mange, car j'ai faim,
J'ai toujours faim.
Faim de vivre, faim de rire, faim d'aimer.
J'aime et je suis aimé.

Né d'un père et d'une mère, entouré des siens et de l'amour d'une famille.

Les gens simples ont des amours simples, si faciles à vivre. Je suis né dans une famille simple, mon père ouvrier agricole, et ma mère au foyer pour élever cinq enfants : trois garçons et deux filles.

Que nous importe l'ordre des naissances, je ne vais pas parler des autres, juste de moi, mais il est important que vous sachiez certaines choses, je sais que vous devez les savoir, sinon vous ne comprendriez pas.

Les mémoires d'une personne sont entourées des histoires des autres, elles sont un tout. On ne peut pas parler de soi sans parler de l'entourage, pourtant je ne vais pas parler des autres, seulement de moi, de ma mémoire. En y mettant un peu d'histoire des autres.

Je suis né petit, gros et empâté.

Le cheveu était pour devenir filasse et épars, l'œil était bleu et le bleu de la couleur de l'acier est resté.

Ma mère a pleuré en me regardant, les larmes étaient de celles que les mères versent par amour de la vie.

Mon père, lui, a rigolé en me voyant, il m'a chatouillé le bout du nez et m'a tout de suite appelé « gribouille ».

Il aimait surnommer ses enfants.

Il donna « Fripouille » à l'une de mes sœurs, « Arsouille » à l'un de mes frères. Il gratifia d'un « Pet de souille » mon pauvre frère qui fit un petit bruit que mon père entendit quand il entra dans la chambre, et qui n'était en fait que le bruit de la chaise lorsque l'infirmière se leva.
Ma deuxième sœur fut la plus gâtée, car elle reçut le doux surnom de « P'tite bouille d'ange ».

Je suis né de l'amour de deux êtres : mon père et ma mère.

Pierre et Lucie.

Lucie, ma mère, marchait dans la vie à côté de mon père, petite et presque frêle, je la revois en noir et blanc sur une vielle photographie, silhouette au bras d'un beau jeune homme, ils avaient vingt ans. Juste amoureux et pas encore mariés.

Si la photo avait eu de la couleur, nous aurions pu voir que le cheveu bouclé était teint naturellement en couleur de châtaigne. Que l'œil taquin était bleu vert et l'est toujours, taquin. Elle souriait à l'objectif tenant bien fort le bras de mon père pour ne pas qu'il s'échappe : « Je le tiens, il est à moi, je l'aime », semblait dire sa bouche dessinée en petites lèvres à peine teintées de rouge. Encore enfant, pas encore femme, elle s'offrait à la photo pour garder cet instant de bonheur.

Lucie, devenue femme de mon père, et mon père a marché à côté de ses pas, pas à pas.

Il paraît que le mariage s'est déroulé sous la pluie.

Novembre a conçu le premier enfant, le soir même de votre union, comme si pressé par le temps il fallait que ton corps s'épanouisse. Cet enfant était mon aîné, puis il y en eut un autre. La famille se composait, s'agrandissait. Femme, le mot pouvait commencer à s'accorder avec ton être. Une esquisse, juste un brouillon pour un dessin d'un dessein jamais inachevé.

Notre père qui est à ses côtés, donnez lui notre pain quotidien, que ton nom apposé au sien soit synonyme de force pour traverser la vie jusqu'à la mort.

Tu es mariée pour le meilleur et pour le pire. Elle a eu le meilleur, elle n'a jamais connu le pire.

Pierre, tu es né Pierre et tu es mon père, pilier de la sagesse, géniteur de la sainte trinité, le père, la mère et leurs enfants.

Ils ne font qu'un, car divisés ils ne sont plus rien, l'un deviendra et sera, l'autre saura et deviendra, l'un donnera à l'autre et l'ensemble restera. Qu'ils partent, se séparent et se désassemblent, ils resteront unis par les voies sacrées de l'amour fraternel.

Pierres après pierres, Pierre a construit la maison, Lucie, aimée de Pierre, a construit la raison.

Pierre, mon père, est né avec le cheveu rare en couleur blé foncé, les yeux pers, l'un marron et l'autre vert. Petit et trapu, le visage pas beau, presque gros, pas assez fin, les traits toujours tirés comme s' il venait de se réveiller. Mon père avait la voix douce quand il nous aimait, parlant d'une voix douce à ses enfants, il n'aimait pas la colère, qu'il dissimulait dans son poing qu'il ouvrait et fermait, pour ensuite la jeter, cette colère, au plus loin pour ne pas qu'elle nous fasse du mal. Notre père ne nous a jamais frappé, ni avec la main, ni avec les mots. Il nous regardait, le regard dur, ne laissant entr-ouvert que l'œil vert. La faute était acquise, nous la reconnaissions et c'était fini.

Pierre a aimé Lucie.
Lucie a su se faire aimer de Pierre.

Je les ai vu une fois, l'un aimant l'autre, les corps nus.

Mais le propos de la vie nature ne dérange que ceux qui se cachent, car mes frères, mes sœurs et moi, vivions sainement avec des gens saints.

La croix posée dans la chambre des parents au dessus du lit.

Tu aimerais, toi aussi, avoir le corps nu assouvissant ton instinct primaire, mais tu n'as pas le droit, n'est-ce pas ? Alors, comment fais-tu pour que ton corps d'homme exulte ? Juste la main qui prolonge ta pensée qui s'immisce dans la turpitude intérieure ?
Souffres-tu quand la jeune fille passe, seulement vêtue d'une robe légère et transparente qui nous interpelle dans nos sens d'homme ? As-tu dans ton intérieur, cette montée qui exalte nos envies, ou bien sobre dans ton esprit, tu arrives à ne rien voir, rien entendre et rien maudire ?
Réponds ! Je veux savoir.
Moi, mon corps répond à l'appel, je n'hésite pas à la pénétrer, la prendre, elle est femme, je suis homme, et toi, tu n'es plus fait homme ?
Tu prêches ainsi : « Il nous a fait homme ».
Si cela est, ite missa est
Et tu n'es plus.

La vie était peut être rude, mais si agrémentée de bonheur qu'elle nous semblait juste et emplie de richesses.

Les jours s'ensuivaient les uns derrière les autres, comme s'ensuivent et se vivent les jours. Certains Dimanches nous allions courir tous ensemble dans les bois ou les forêts environnants à la cueillette des champignons quand c'était la saison, ou alors uniquement « une farnientc à se briser la dynamique », une des expressions très prisées de mon père.

Mon père avait un langage agrémenté d'expressions qui nous faisaient rire et sourire, tel : « Aller porter coucher sommeil », celle du soir pour dire que nous devions aller nous coucher. Il en inventait pour dire ce que parfois son peu de vocabulaire ne savait exprimer :
« Tu as l'œil tout ensommeillé, vas le réveiller » pour celle ou celui qui n'arrivait pas à se réveiller.

Mais il en avait quelques unes pas très gentilles, même un peu méchantes pour tel voisin ou voisine : « Regardes. ! Elle guette en l'air », disait-il de celle qui avait un œil qui partait regarder le ciel, tandis que l'autre vous regardait.
« Il a le cul en double gras », pour le voisin qui mangeait tant et si bien qu'il boudinait de partout. Mon père, s'il avait su écrire, nous aurait composé un dictionnaire d'expressions à l'usage de ceux qui n'aiment pas phraser dans de grands discours.

Pierre, apôtre de la paix, a emmené Lucie dans une douceur de vie. Lucie, tes enfants sont la jouissance de l'Amour.

Alors pourquoi ce soir là, tandis que réunis à cette tablée, il a fallu que frappe à la porte la destinée ?

Lucie avait la louche de soupe à la main, servant l'assiette du repas du soir. Mon père s'est levé. La porte s'est ouverte, un homme était dans l'embrasure, nous ne pouvions le voir. Mon père l'a invité à entrer, il est entré. Et là, devant nous, se tenait la foi. Il avait de grands yeux bleus, le nez aquilin et une barbe naissante. Le cheveu épars et fin, indomptable au peigne, comme si on avait déposé sur son crâne rose des fils de soie. Il était beau. La petite croix posée sur le revers de son veston.

Ma mère lui a offert une soupe chaude car l'homme semblait avoir si froid. Il a remercié mon père ainsi que ma mère, puis sa main a béni la maisonnée. Il s'est assis, doucement, presque en s'excusant de faire du bruit, le sourire restant accroché à ses lèvres. Sa bouche a exprimé des mots, paroles doucereuses, emplie de suavité, qui nous pénétraient insidieusement et pernicieusement dans nos têtes.

Inlassablement, répétant et martelant les mots, pour être sûr que nous les comprenions et les acceptions dans toute leurs forces.

Il expliquat que là bas, loin, au delà des plaines et des montagnes, existait une école qui accueillait des enfants que l'église voulait faire grandir dans la piété. Il était homme de cette église qui accueillait ses enfants.

Il était sain que ces enfants deviennent les paroles de l'amour, apôtres de la sainteté de notre sauveur.

Le sauveur par qui nous sommes et resteront à jamais des hommes, notre père qui êtes au cieux que ton nom soit sanctifié, donne nous aujourd'hui nos enfants quotidiens pour qu'ils puisent à nos paroles et les répandent à travers le monde, imposant les saintes volontés.

Tu es né différent, mais tu dois devenir dans mon esprit car le tien ne peut exister, il est sale, il n'est conforme qu'à toi-même, seule notre église sait et tu seras dans notre savoir.

Ainsi tu grandiras et, que nous importe ta volonté, si elle n'est pas issue de la mienne.

Tu es nu : Habille toi.

Je te vêtirai de vêtements que j'ai taillés pour toi.

Ma mère et mon père on cru en cet homme qu'il ont instinctivement appelé « Mon Père ». L'homme a tourné son regard, se posant sur chaque visage, doucement comme ses paroles, puis il s'est arrêté de regarder.

Il m'a souri, je devenais l'Elu.
Je l'ai regardé, je n'ai pas souri.

Mon extérieur s'est entré en moi, pliure intérieure pour mieux me protéger. Je me sentais craqueler et entendre se fissurer le monde qui m'entourait. Mon monde, celui qui me tenait chaud, celui qui accueillait mes peines, mes joies. La douceur du foyer fuyait dans les paroles de cet homme.

J'ai regardé mon père, puis j'ai tourné le regard vers ma mère, ils ne me regardaient plus.

L'homme dit que nous partirons demain, car la route sera longue. Il n'avait, pour locomotion, que les trains, les autocars et la marche pour nous emmener jusqu'à sa terre bénie.

« Les voyages sont à faire en marchant, car c'est à pied que l'on peut regarder autour de soi ».

Il aimait marcher, mais regardait-il autour de lui ?

Qu'avait-il de si impropre ?

Rien dans son attitude, ni dans ses actes ne devait trahir son discours. C'est bien plus tard que j'appris que certains n'étaient pas les hommes saints qu'ils prétendaient être.

Lui, au contraire sentait bon.

Trop bon.

Il était comme une fleur si belle que l'on ne s'en méfie pas. Elle peut dégager, la fleur, des parfums si odorants qu'ils vous enivrent et vous fait oublier les autres odeurs, les vraies, celles que l'on doit respirer pour vivre.

Vivre dans l'enivrement d'un parfum qui domine les autres. Il est le parfum qui vous emmène dans le rêve, et le réveil ne pourra se faire, car les affres de la jouissance sont si fortes que vous ne pouvez vous en détacher. Il me reste accroché de ce parfum qui m'ensuque. Présence constante que je ne pourrai jamais expulser, je peux me laver et me bénir dans une autre odeur, cela n'empêchera jamais celle ci de rester en une olfaction perdurante.

Je n'avais que huit ans et au fond de moi des sentiments contradictoires se querellaient, attirance et rejet.

Il est plus facile de haïr que d'aimer
J'ai préféré haïr.

Le matin est arrivé si vite, à peine embrassé mon père, c'est toujours lui que l'on embrassait en premier, puis ma mère et mes frères et sœurs que j'ai mis ma main de huit ans dans sa main d'adulte. Je sais que j'ai pleuré, il me semble que j'ai encore la trace des sillons sur le visage.

La route a été longue, plus longue que celle que nous empruntions avec mon père pour aller à la ville voisine. Le paysage changeait au fur et à mesure de nos distances parcourues, j'avoue que ma mémoire n'en a retenu que des bribes, des bribes estompées par le temps et si vivaces dans le maudit.

La montagne. Je me souviens comme elle a surgi au détour de la route, si grandiose, si terrifiante et pourtant si belle. Je me souviens d'elle si majestueuse, j'en ai eu tout le corps serré, étouffant presque, c'était la première fois qu'elle était à portée de mes yeux. Je n'ai pas eu peur. Seulement émerveillé. Je crois même que mon visage a souri. Et, au creux de cette majestuosité, un écrin de verdure où logeait une immense bâtisse. La voiture qui nous avait recueillis à la gare a stoppé devant un immense portail en fer forgé.

Hier soir j'ai tué mon premier curé.

J'ai tué hier sans haine, sans vengeance, seulement parce qu'ils m'ont tué enfant. Vous allez croire que je suis fou, ou que je ne sais pas ce que je fais, mais eux, ont-ils su ce qu'ils faisaient ?

Mais je m'égare, je dois me concentrer sur le récit, je me laisse transporter par des ingérences de pensées qui n'apporteront rien d'autre qu'un imbroglio. Je vais trop vite, on ne me comprendra pas, je dois remettre de l'ordre. Ce qu'il est amusant ce mot « ordre », rentrer dans les ordres, mettre de l'ordre, alors qu'ils ont mis le désordre.

Le portail a ouvert doucement ses battants, puis les a refermé dans la même douceur. Anachronisme du brut et du soyeux, du lourd qui se fait aérien pour mieux se refermer sur votre personne.

L'œuvre, car c'était une œuvre composée dans le fer, avec ses sculptures mi-plates, demi volume dans l'espace.

Gargouilles et saints, composition de l'engeance de la spiritualité, démons côtoyant les esprits bénéfiques, tableau de métal froid pour apporter la chaleur, ensemble de répulsion et d'attirance, tu restes béni mon enfant, car tu as devant toi ce que la terre est, tu es né de la terre pour mieux t'envoler au ciel, en entrant dans ma demeure tu accéderas à un paradis que je t'ai ouvert et fabriqué. Vois sur ce portail, le bien et le mal se côtoient. Choisis, mais attention : Ne te trompes pas, car c'est peut-être l'enfer qui ouvrira la terre sous tes pieds et tu seras maudit à jamais.

Alors ! Que choisis tu ?
Entres tu avec moi ?

La pensée est muette mais si intense dans les yeux, la voix n'avait nul besoin de s'exprimer.
Il pensait et j'entendais.

Je suis entré.

Après un petit chemin « verdeux » et sinueux, le château est apparu. Pour mon âge je voyais un château, en fait ce n'était qu'une immense bâtisse en pierre avec une tourelle où vivaient trois cent âmes. En majorité des enfants et des adultes. Dans la partie adulte, quelques femmes principalement attachées au monde domestique et à l'enfant.

Nous étions le 11 septembre 1967
J'entrais dans l'esprit religieux.

Non monsieur, je n'ai aucune haine envers vous, et pourtant vous avez profité de mon jeune âge pour empâler mon esprit sur votre foi.
Je ne peux plus m'en dégager, le pieu est si lourdement enfoncé que mon crâne en souffre.
J'ai pêché et j'en suis désespéré car vous nous aviez appris ce qu'était le droit chemin dans votre route de la grandeur de l'homme
Le bien et le mal
Je préfère me faire du mal et que le bien soit avec vous.

Troisième Partie

Ils m'ont présenté devant leur père à eux, celui qui devenait mon Père supérieur, il m'a parlé gentiment, comme lorsque l'on parle à un enfant, caressant les mots avec la voix la plus suave et la plus tendre que je n'avais entendue ce jour. Je l'ai écouté et c'est dans ce moment de « mielosité » que j'ai cessé de parler. L'immense portail se refermait à jamais face à leur oraison.

Au début ils n'ont rien dit, me laissant dans mon silence, et puis ils ont essayé de me faire parler. Mon silence a grandi et ils ont cessé dans leurs demandes.

Le silence n'était que pour eux, je leur parlais, seulement ils ne m'entendaient pas. Ils ne pouvaient plus m'entendre. C'est dans cette paix que je pouvais rester en lien étroit avec ma famille, consacrant toute mon énergie à ne pas m'en détacher.

Ne pas les oublier, garder en moi les visages. Les rires et les joies. Les paysages, les plaines et les bois.

Garder en moi le tableau peinturluré de mes moments de bonheur. Le souvenir s'installe avec la force de repousser des souvenirs qui ne devaient pas être les miens.

Comme les odeurs.

Ils m'ont d'abord déshabillé, puis ont jeté mes habits pour les brûler. Ils m'ont ensuite lavé dans un grand baquet, comme si j'avais eu le corps encrassé par les huit années passées dans le monde qui ne m'appartenait déjà plus.

Nu, ils m'ont habillé de leurs habits taillés dans un tissu uniforme. Du bleu et du gris. Ils louent la couleur pour la béatitude, mais ils nous offrent le bleu et le gris pour nous vêtir.

J'ai gardé ces deux couleurs jusque dans ma tête. Blouse bleue et chemise grise, pantalon bleu et une tache de blanc cachée dans de grosses chaussures. Les sous vêtements rêches et grattants en gris, le blanc est pureté, nous n'étions pas encore à leurs yeux en droit d'obtenir cette couleur.

Ils sont et seront la pureté.
Je vous salue ma vie pleine de grâce, que mon nom soit sanctifié car le faux père qui fut odieux m'a emmené sur la voie du péché.
Je vous bénis homme d'entre les hommes, vous êtes la voie de la rédemption, je suis pêché et je deviens rédempteur.
Que ton sang coules pour laver l'affront fait aux hommes sur la terre, et comme au ciel ne sont que les anges, tu accéderas à l'enfer.
Bénis soient les hommes de bonne volonté.,
Ils seront assis à la droite du saigneur, je serai ce saigneur pour abreuver de leur sang, les sillons du jardin oublié.
Poussera alors le fruit qui ne sera plus défendu, et l'homme grandira enfin dans sa magnificence.

Puis ils m'ont emmené dans une grande salle où se trouvaient les autres enfants de tous les âges ; une centaine, sagement assis autour des tables, c'était l'heure du repas. Les regards, instinctivement, se sont retournés vers moi, j'avais les yeux dans leurs yeux, les yeux curieux de voir un autre qui venait de l'extérieur, et les miens qui les découvraient. Je n'ai pas baissé les yeux, eux non plus. Ensuite, après avoir constaté que j'existais, ils ont tourné leurs regards vers leur dîner.

Le père m'a fait monter sur une petite estrade où se trouvait une table et des chaises - leur table, leurs chaises. Il a frappé avec une règle pour faire lever la tête des enfants. « Je vous présente – il a cité mon nom – je vous demanderais de bien l'accueillir comme le Seigneur vous a accueilli, il est enfant comme vous de l'amour. Nous l'aimerons, et ainsi en sera-t-il jusqu'à la fin de son éducation dans notre école. Il sera votre frère, votre ami, votre prochain, nous aimerons notre prochain, la volonté de notre Seigneur s'étend au delà de notre propre naissance. Vous l'aimerez et il vous aimera, ainsi soit la volonté de notre Créateur ».

Je vous aime de par votre chair et qu'elle pourrisse à jamais pour des siècles et des siècles.
Vous êtes enfants de l'amour, mais de quel amour ?
Celui des hommes ou celui que l'on a crée de toute en façon pour vous façonner votre vie ?
Vous n'êtes plus et pourtant vous existez. Comment cela ce peut-il ?

Puis, redescendant de l'estrade, la main prise dans la sienne, il m'accompagna et me fit asseoir entre deux enfants.

« -Tu t'assieds ici, ce sera ta place et nul autre ne doit s'asseoir à cet endroit, elle est et restera jusqu'à ton départ. Voici ton couvert, il est à toi, nul autre que toi ne doit manger ou se servir de ton couvert ».

Désignant avec son doigt les couverts déjà déposés sur la table.

« -Voici ta fourchette, ta cuillère, ton couteau et ton assiette. Tu dois en prendre soin, les laver, les essuyer et les ranger dans ton placard, celui qui est derrière toi, il n'y a pas de clef, cela ne servirait à rien. Ici il n'y a rien à voler. Ce sont tes couverts, aussi ne t'avises surtout pas de les casser car tu seras puni, si tu perds la cuillère pour manger ta soupe, tu mangeras avec ta fourchette. Si tu perds ton couteau tu mangeras ta viande du Dimanche avec tes doigts, mais n'oublie pas : Tes mains doivent rester propres. Si tu as les doigts sales, tu seras puni. Si tes parents t'envoient des gourmandises ou toutes autres nourritures, elles seront redistribuées. Le Seigneur nous enseigne le partage, alors tu partageras. Seules Les gourmandises seront jetées, car la gourmandise est un pêché. Tu grandiras dans le respect de l'innocence, et nul pêché doit venir en toi. Tu grandiras avec le Seigneur à tes côtés, nous sommes ses enfants et nous ne partagerons le royaume des cieux qu'avec un cœur pur ».

Les deux enfants qui étaient assis l'un sur ma gauche et l'autre sur ma droite, ne bougeaient pas. Le père parti, l'un se retourna vers moi, celui de gauche, un grand maigre, cheveux rouges et tâches de rousseur sur la peau bistre.
« -T'inquiètes, si tu perds un de tes ustensiles, on en a de rechange ». La voix était chuchotée, à peine perceptible. Je l'ai regardé, il a souri, je n'ai pas répondu à son sourire.

Mes doigts n'ont jamais été sales.

Je n'ai jamais perdu mes couverts et je n'ai pas cassé mon assiette.

Le repas du soir terminé, ils m'ont accompagné au dernier étage. Juste sous les charpentes se tenait le dortoir. Les lits alignés les uns à côté des autres, en fer, avec un matelas, des draps, une couverture mais pas d'oreiller. Nous dormions sur le dos, les bras le long du corps.

Les placards pour les affaires personnelles entre les lits, en fer eux aussi, de deux mètres de hauteur. Impersonnels et jamais fermés à clef.

Pourquoi avoir une clef pour une armoire qui ne contenait plus rien de personnel ?

Les habits qu'ils avaient brûlés étaient changés par des effets taillés dans un même tissu uniforme, slip et maillot de corps compris. L'esprit entrait dans une uniformisation des idées et des individus en commençant par les vêtements.

Mon lit au petit matin était toujours mouillé : « Enurésie », mot savant pour désigner que je pissais au lit.

J'ai mouillé mes draps jusqu'à l'âge de mes treize ans. Les autres enfants n'en riaient pas car je ne n'étais pas le seul. La punition sévère infligée était de courir nu dans la cour, le drap sur la tête. J'ai souvent couru, même en hiver.

« Monsieur, je ne veux plus courir, je préfère pisser contre un mur mais plus dans mon lit » était ma supplique intérieure. Alors, j'essayais des méthodes pour ne plus que mon lit soit mouillé au petit matin. Mais le matin revenait avec son drap mouillé.

La discipline était couleur de curé : Noire.

La discipline permet au peuple et aux soldats d'avancer. Les enfants se construisent plus forts dans la discipline, mais je ne le savais encore pas, je la subissais telle une humiliation alors que pour eux c'était source de mûrissement.

« Deviens fort dans ton corps pour qu'il puisse franchir le temps et ainsi dans cette force acquise, tu pourras la transmettre aux plus faibles. Dieu ne peut accepter la faiblesse des hommes, les êtres faibles sont la source du ralentissement du monde. Nous devons avancer pour que le royaume que nous créons au delà des cieux soit le royaume des enfants d'un Dieu juste et fort » était l'un des dogmes que j'appris par un de notre saint instructeur.

Tous étaient nus devant la discipline pour laver nos corps de ces tares d'enfants.

Moi, c'était l'énurésie, lui c'était l'écriture de la main gauche, alors c'était le bras attaché dans le dos avec l'obligation d'écrire de la main droite.

Pour un autre, autre tare, autre punition.

Nous pleurions tous. Mais ils riaient aussi. L'enfant oublie facilement ses larmes torchées d'un grand coup du revers de la manche.

Quand je cessais de pleurer, je ne riais pas. Mon rire était intérieur, comme ma voix.

La journée se raconte pour savoir.

Au matin étaient les grâces, puis le petit déjeuner, un bol de chocolat et deux tartines de pain beurré, pain coupé en tranche et beurre de margarine.

A midi était la prière et le déjeuner.

Quatre heures : Un morceau de pain et un morceau de chocolat ou un morceau de fromage, sauf le Dimanche où nous avions droit à une brioche fraîche et presque tiède. J'attendais le Dimanche parce que c'était « visite ». Mais les visites étaient surtout pour les autres enfants. Mes parents n'avaient que la fortune de pouvoir m'envoyer des lettres, je n'eus droit qu'à une seule visite dans l'année, répétée chaque année.

Seule une assiette de soupe avec une tranche de pain constituait le repas avant d'aller nous coucher.
« Le corps doit dormir avec le ventre léger, ainsi il se repose mieux et le lendemain, il s'épanouit et reste dans la jouissance de l'effort ».

Entre le matin et le soir, l'école pour apprendre.
Et aussi des cours de dessin et de musique.

J'ai dans ma tête un morceau de clarinette que jouait un enfant.
J'ai un morceau qui chantait dans ma tête d'un enfant l'accompagnant.
J'ai dans ma tête un morceau de piano que jouait, un troisième enfant.
Mozart : Musicien accueillit à nos cours de musique. Et puis aussi Haëndel, Saint Preux et bien d'autres encore.
J'aime cette musique qui s'infiltre dans vos cœurs et jaillit dans votre sang.
Palpitante, à grand coups de sens, s'enroulant et émergeant à grand coups de sang.

Catéchisme tout les débuts d'après midi. Le corps se nourrit et l'esprit s'enrichit.

Entre les cours : La récréation.

Je ne vais pas vous raconter la cour de récréation. Elle ressemblait à toute les cours où jouent les enfants à des jeux d'enfants.

Je ne vais pas vous raconter les classes, elles ressemblaient à toutes les classes où apprennent les enfants en revenant de récréation.

Genoux écorchés, plaies aux mains et rires dans la bouche.

Je ne vais pas vous raconter, car on ne raconte pas ce qui est pour tous, la même histoire. Souvenirs partagés avec chacun son propre souvenir.

Seul en son centre, se tenait fier dans sa tenue de bronze, le Père fondateur, mort depuis deux siècles.

« Ils ont d'abord construit, brique après brique couleur de gris, le socle, puis quand celui-ci fut consolidé, ils ont posé une statue coulée dans de la fonte et l'ont appelé Dieu. Après l'avoir appelé Dieu, ils se sont prosternés. Comme il faisait froid, ils ont repris des briques, et une à une, ont construit une immense maison qu'ils ont appelé église, mais comme elle n'était pas assez grande pour dominer le monde, ils ont taillé dans la roche des morceaux de pierre et ont construit des cathédrales.

L'église est au centre du monde, mais le monde n'a pas besoin de centre ».

Saint d'entre les saints, le regard semblant vous scruter, glacial, dur. Le sculpteur n'avait certainement pas eu besoin d'imaginer la sévérité de cet homme. On la retrouvait dans des tableaux peints sur plusieurs années et posés fièrement le long du corridor qui nous emmenait au bureau du Père principal.

La statue était entourée de terre battue et, pour retenir les enfants dans la cour, un mur de deux mètres de haut.

Aucun arbre.

Pas de quoi se cacher.

Pas de préau non plus.

S'il pleuvait, nous restions dans les classes, s'il neigeait, nous devions jouer dans la cour, ceci pour endurcir notre corps, un corps fort pour mieux servir.

Deux corps faibles d'enfants n'auront jamais à servir, le froid les a emporté d'une quinte de toux.

La cour de récréation, je ne vais pas vous la décrire, elle est cour comme toutes les cours de récréation, là où l'on joue, on crie, on pleure quand on s'égratigne, on s'invente une bagarre pour exister, on se chamaille, on se cache pour s'inventer, ou se découvrir dans notre corps grandissant.

Pas moi.

Blotti dans mon mutisme, je les regarde ces enfants qui jouent, qui s'aiment et souvent qui se haïssent. L'enfant est terrible ou sage. Il s'invente, se constitue, s'existe déjà dans son futur.

Sous l'œil indulgent et parfois inquisiteur du surveillant.

Ombre que vous sentez derrière vous, noire et grise.

Il ne parle pas, il intervient avec le regard.

Quand il parle, sa voix est basse.

L'œil et la voix suffisent à imposer la force, vous rétrécissez, petit déjà, vous êtes encore plus petit, et lui, grandit pour atteindre une démesure.

Jouissance animale du dominant.

La cour de récréation, microcosme de la société, telle que l'ont dépeint déjà en leur temps, nombre d'écrivains. Alors pourquoi reprendre un tableau avec d'autres couleurs, les couleurs ne seront que les miennes, ceintes de noir, bandeau déposé autour du cadre, comme si j'étais devenu à cet âge orphelin des couleurs arc en ciel qui sied si bien à notre monde inconscient.

Le trésor que l'on cherche au bord de cet arc, nous ne le trouverons jamais.

Le surveillant surveille.

Délivrez moi de cet œil, il me regarde.
Immense et moi si petit.
Il me domine.
Je le vois au plafond, et j'ai beau mettre mes propres yeux sous mes paupières, l'œil est toujours là.
Délivrez moi, Seigneur, de ce mal.
Il est présent, je le sens, je le sais si près depuis ces longues années.
Parfois, je me retourne dans la rue.
Il me semble l'apercevoir.
Non, je ne le vois pas, pourtant Il est toujours là.

J'ai vécu dans ces murs longtemps, trop longtemps, je pourrais raconter, mais je ne raconterais que mes histoires et non celles des autres enfants, égoïstement.

J'ai vécu en grandissant dans un lieu qui était hors de ce que j'aurais aimé rencontrer. Ce que j'aurais aimé vivre serait dans une autre histoire. Je grandissais en infiltrant en moi une répulsion de ce que je vivais.

Un brouillard épais enveloppe cette époque, avec quelques clartés comme lorsque mon père est mort. C'est un des bons Pères qui me l'a annoncé en me disant qu'il était monté au ciel. J'ai levé la tête, j'ai regardé le ciel, il n'y avait personne.

J'ai regardé le bon Père, il m'a dit que j'allais pouvoir retourner chez moi pour accompagner le corps de mon père, je ne pouvais y aller seul.

Il m'accompagnerait dans cette épreuve. J'eu droit à deux jours pour pleurer avec ma famille, le temps des pleurs ne dure que si peu de temps.

J'ai embrassé le front froid de mon père.

J'ai pleuré dans les bras de ma mère sans lui dire « Maman ».

Mes frères et sœurs m'ont aimé plus fort et je suis reparti, la main de mes douze ans dans la main du bon Père.

En retournant dans le Château, je savais que je laissais derrière moi l'amertume du désespoir.

Il me restait si peu de larmes.

Sauvez-moi, je vous en prie et c'est à genoux que je demande la libération des chaînes qui me torturent, me font mal, déchirent mes chairs, délivrez moi de ce Seigneur qui s'impose en moi et que je dois rejeter de toute cette âme qui n'existe pas. Je ne suis qu'un enfant, tuez moi plutôt et rendez ce corps déformé à celle qui m'a donné l'Amour.

Ma mère qui est au pieu, écartelée par l'amour de vos enfants et de votre inconscient distillé par des croyances insidieusement infiltrées dans votre cerveau que vous croyez vôtres.

Délivrez moi du mal et reprenez cet enfant qui vous appartient. Le Château est fait de pierre, tu es né Pierre et tu seras Apôtre, je ne veux pas être Apôtre.

Dernière partie

Hier soir, j'ai tué mon premier curé parce que je me délivrais du mal qu'ils m'ont fait.

N'y a-t-il pas d'écrit : « Délivrez nous du mal ? ».

Je suis resté caché jusqu'à ce que la nuit enveloppe les formes, blotti derrière le mur de l'église j'ai attendu qu'il sorte. Petite forme grise et noir, le col rabattu et la tête nue.
Je l'ai filé au plus profond de la nuit.
Pas de velours et sueurs intérieures.

Quand les dernières maisons se sont estompées dans le noir, je me suis approché au plus près, toujours pas de velours et sueur froides. J'ai frappé d'un coup sec à la base de la nuque, il est tombé presque sans bruit.

J'ai traîné son corps jusqu'à ma voiture. Les corps inertes sont lourds dit-on, le sien me semblait léger.

La sueur sentait l'effort. L'effort me faisait transpirer de peur, j'avais une vague de froid qui me faisait frissonner.

Nous avons parcouru des kilomètres. Franchi comme hier, les vastes plaines et les montagnes, les villes et les villages, retour en arrière pour mieux avancer.

Pauvre enfant tombé dans mes mains, corps reposé, un peu de sang au coin de la tête. Pauvre être fait de chair et de sang et qui se croit esprit.

Vois ! Le chemin qui nous emmène est long, mais il nous emmène au début de la vie.

Je suis retourné chez moi, la masure m'attendait. Elle était toujours aussi majestueuse. N'était-elle pas mon enfance enfuie et retrouvée ?

Enfuie, car il n'y a plus l'âme de mes parents.

Lucie était partie après la mort de son Pierre.

Les enfants meurent avant de n'avoir su exister. Je suis enfant mort.

Plus de frère, plus de sœurs, ils ont du oublier. Ils m'ont certainement effacé, comme on efface les tableaux noirs, d'un seul coup de chiffon.

La masure qui fut ma maison, il n'en reste que des pierres tombées avec du lierre autour qui les étreints. Seule l'étable est fièrement dressée, avec ses murs intacts et du lierre que j'ai arraché pour pouvoir entrer.

Restaient les odeurs.

Elles sont pour toujours dans les parois suintantes d'humidité. Personne ne pourra les détruire, je vis avec les odeurs d'hier et je te les ferais sentir, comme j'ai du sentir les tiennes.

Une patte mouillée à l'eau du puit a suffi pour le ramener à un peu de vie, ses yeux ont clignés à la lueur de la bougie qui nous éclairait. Des yeux bleus dans l'orbite enfoncée. Lueur de l'œil qui est hagard et qui scrute les ténèbres. Puis il a levé le regard sur moi. « Incrédulité » était le mot qui s'en échappait.

Qu'étais-je ce fou qui l'avait enlevé et pourquoi ?

Petit curé d'une petite église.

Petite église qui ne pouvait accueillir que si peu de brebis.

Agneau de Dieu qui n'aura plus de berger.

Tu es mon berger as-tu proféré hier. Mais aujourd'hui je ne suis plus ton agneau.

Il a pleuré quand je l'ai attaché au pieu et quand je l'ai regardé dans les yeux.
Il a supplié quand j'ai découpé ses chairs.
Et lorsque mon couteau a tailladé ses poignets, un liquide verdâtre et nauséabond a coulé entre ses jambes.
Son agonie a été lente, très lente, et lorsque sa tête a chu du côté droit, j'ai senti une chaleur monter dans mon bas ventre et j'ai enfin ri.

Dieu est mort, je l'ai tué hier soir.

J'ai ensuite défroqué le corps du curé et commencé une veillée qui devait durer trois semaines pour que heure par heure, je puisse sentir son cadavre se décomposer, ses chairs se putréfier, se raidir et inhaler l'odeur de la décomposition.

Respirer l'homme et ne plus le voir comme un être supérieur.

Tu m'as volé mon âme, je te vole ton aura.

J'ai vécu toute mon enfance, longue et douloureuse. Tu es là, corps changé en poupée de chiffon, ainsi ton agonie sera comme mon enfance.

Ici volaient des oiseaux que j'aimais regarder au plus haut dans le ciel.

Ici, l'herbe en été, bruissait sous mes pas, et j'aimais rouler dans cette verdure en riant avec mes frères et sœurs.

Tu vois ? Non tu ne vois pas la colline là bas. Elle était Fort indestructible que nous devions conquérir.

Ici, nos jeux résonnent encore, les entends-tu nos explosions de joies, quand notre père revenait de la pêche avec dans son épuisette, un brochet qui grandissait au fur et à mesure qu'il nous le racontait, année après année ?

Ecoutes le silence de la nuit. C'est le même silence que j'écoutais, enfoui sous la couverture, petite peur qui me remontait du long des jambes jusqu'à mon ventre.

Ecoutes ! Je tance mon frère pour qu'il me raconte une histoire, ainsi j'oublierais cette peur qui grimpe entre mes jambes.

Tu l'entends son murmure ?

Il raconte, il ne veut pas que son petit frère ait peur. Il est le grand celui qui remplace le père, quand le père n'est plus là.

Le père, il me semble entendre le nom de ton saint père, le tien devant devenir le mien par obligation de ton saint esprit.

Entends-tu ma voix ? Celle que personne n'a entendue depuis déjà si longtemps. Elle est pourtant à tes oreilles.

DIS MOI QUE TU L'ENTENDS !

Elle te raconte ma mémoire. Pas celle que tu m'as forgée, non, celle avec qui j'ai grandi loin d'ici, non, la vraie, celle que j'ai gardée. Celle que je me suis obligé à garder, photographie intacte des êtres qui ont peuplé mon enfance.

Regarde et entends.
Tu n'entends rien n'est-ce pas !

Et pourtant !
Et pourtant il y a du bruit dans ce silence. Le bruit de ma voix, de celle de mon père et celles de ma famille entière.
Ils sont là. Ils te murmurent qu'ils m'ont enfin retrouvé.

Regarde.
Tu vois l'ombre de la bougie sur les murs, elle reflète les visages de ceux qui ne m'ont jamais oublié.
Je disais qu'ils m'avaient oubliés !
Oublié ! On ne peut oublier les êtres chers. Ils ne m'ont pas oublié, je suis dans leurs mémoires comme eux dans la mienne.

Regarde !

Ici c'est le visage de ma mère.

Sais-tu qu'elle est partie si loin que j'en ai oublié ses caresses.

Regarde là, oui, là, à côté, ce visage souriant c'est mon frère, il ri parce qu'il se souvient de la fois ou nous avons caché la grenouille dans le lit de ma petite sœur, il ri encore, et toi, tu ne ris pas !

Aurais- tu peur ?

Pourtant tu ne devrais pas avoir peur. Tu es protégé, lèves la tête, le ciel est à toi, tu ne mouras que sur terre, mais là haut, Il t'attend. Tu pourras t'asseoir à sa droite.

Et moi, où serais-je assis ?

À sa gauche ?

Ni à droite, ni à gauche ?

Où ?

Ne dis rien. C'est vrai, toi non plus tu ne peux pas parler, nous sommes tout deux silence.

Le silence accompagne mon silence.

Ils sont depuis si longtemps ensemble.

Sais tu pourquoi j'aime la nuit ?

Elle est de couleur de silence, noire, et dans ce silence je peux entendre ma voix.

Tu croyais que je me taisais parce que je devais écouter ?

J'ai écouté mais je n'ai rien appris. Je voulais garder intacte ma mémoire pour mes souvenirs, mieux me souvenir.

Tu pleures ?

Pourquoi pleures-tu ?

Je t'ai fait mal ?

Où ?

Tes larmes ne sont-elles pas les larmes que versent les enfants que tu prends pour ton Esprit ?

Partageons notre souffrance comme tu dois partager ton existence.

Je te bénis mon Père, car tu m'as appris à haïr.Béni celui qui vous permet d'entrer dans le monde des morts vivants.

J'étais vivant et tu m'as tué.

Alors que la mort vienne s'asseoir à tes côtés.

Le vieux couteau de mon père, c'est la seule chose que l'on m'a autorisé à garder de lui lorsque son corps froid reposait dans son cercueil. Je l'ai gardé, la pointe émoussée mais si facile à pénétrer la chair.

Sens-tu la lame qui te pénètre doucement ?

Oui ! Le sang est rouge.

Il suinte. Liquide visqueux qui tache ton corps.

Le corps est là, mort.
Je le frappe à coups de poings rageurs.
Je le mords,
Je le déchire,
Je l'humilie.

Le sang ne coule plus.

Je n'en ai que le dégoût et un goût amer dans la bouche.

J'enrage de le faire souffrir sans qu'il ne sente la moindre douleur.

Je me traîne dans un coin, je pleure, le regardant dans son blasphème.

Lui, ne peut me regarder, je l'ai énucléé. Les orbites béantes, il ne regardera que son intérieur.

Je voudrais crier, mais cela fait si longtemps que je ne sais plus crier, alors je crie dans mon âme.
Ais-je une âme à cet instant ?

Non.
Il m'en avait construite une sur mesure, mais elle n'était qu'illusion.

Le silence.

Le silence s'est installé froidement à mes côtés, il remonte comme une araignée sur mon corps.

Je ne pleure plus.
Je ne pleurerai plus, c'est fini.

Je me relève, froid, l'esprit dégagé de toute haine, enfin.

Je regarde vers le corps.

Quel corps ?

Il n'existe plus qu'un amas de chair sans plus aucune identité humaine.

Je grandis enfin dans mon être, je suis libre.

Dehors, la nuit se mêle au matin, l'heure est éclosion de la vie qui renaît.

Je sens sur mon visage une brise légère. Je sais que c'est fini.

Les visages s'estompent doucement, je n'entends plus aucune voix. La colline est toujours aussi verte, il n'y a plus de rires d'enfants.

Je regarde le ciel, il n'y a plus rien.

Dieu est mort, je l'ai tué hier soir.

Sommaire

Achevé d'imprimer en Mai 2003
Par l'imprimerie GIE
Pour le compte de la maison d'éditions
« Ancre et Encre »